SOCIÉTÉ DES AMIS DES ARTS DE GRENOBLE.

EXPLICATION

DES OUVRAGES

DE

PEINTURE, DESSIN, SCULPTURE, ETC.,

EXPOSÉS

AU MUSÉE DE GRENOBLE

Le 1er Juin 1839.

PRIX : 50 CENT.

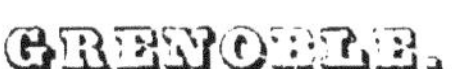

TYPOGRAPHIE DE F. ALLIER, COUR DE CHAULNES.

AVERTISSEMENT.

Ce livret contient quatre divisions, indiquées en titre ainsi qu'au haut des pages par l'un de ces mots : *Peinture, Dessin, Sculpture, Architecture.*

L'exposition est ouverte au public les mêmes jours et heures que le Musée, c'est-à-dire le lundi, le mercredi, le jeudi, le samedi et le dimanche, de neuf heures du matin à midi, et de deux heures à six heures du soir.

IMPRIMERIE DE F. ALLIER.

LISTE DES MEMBRES

DE LA

SOCIÉTÉ DES AMIS DES ARTS

DE GRENOBLE,

Au 1er juin 1839.

MEMBRES DU CONSEIL D'ADMINISTRATION :

M. Berriat, maire de Grenoble, *président honoraire.*

MM. Mallein, avocat, *président.*
Bonnard, avocat-général, *vice-président.*
De Montal, conseiller, *trésorier.*
Robert (Jules), *secrétaire.*
Sappey, statuaire.
Desvial, conseiller.
Jacquier, avocat.
Hélie, conseiller de préfecture.
Rolland, conservateur du Musée.
Crépu (Alexandre), avocat.

MM. Bache, conducteur des ponts et chaussées.
Giraudy, juge de paix.
De Tourneuf, propriétaire.
Chabert-Moreau, avocat.
Teyssier, propriétaire.

Sa Majesté le Roi des Français.
Son Altesse royale le Duc d'Orléans.

MM. Acklin, facteur d'instruments de musique.
Allier, imprimeur.
Anthoard, avoué.
Arnaud (Hyppolite), propriétaire.
Arnaud (Jacques-Pierre), entrepreneur.
Arnaud (Jules), négociant.
Arnaud (Pierre-Joseph), entrepreneur.
Arvet, conseiller de préfecture.
Aribert, adjoint à la mairie de Grenoble.
Auzias, avocat.
Badon, propriétaire.
Barillon, architecte.
Barennes, premier président.
Beylié (Auguste), propriétaire.
Bernard (Adolphe), conseiller.
Bertrand (Julien), propriét. à Tullins.

MM. BERTRAND (Eugène), propriétaire.
BERTRAND aîné, propriétaire à Sassenage.
DE BERNARD (Alexis), conseiller.
BERRIAT-SAINT-PRIX (Charles), procureur du Roi à Tours.
BERT, procureur du Roi.
BENOIT (Candide), ancien négociant.
BÉRENGER (le marquis de), propriétaire.
BELTHLÉ, médecin.
BIGILLION, greffier du tribunal civil.
BLANDIN, entrepreneur.
BLANCHET (César), avocat.
BLANCHET, avocat-général.
BOUGY, banquier.
BOURNE, avoué.
BOURNE (Claude), propriétaire à Sassenage.
BOIS, avocat.
BOVIER-LAPIERRE, avocat.
BRETON, doyen de la faculté des sciences.
BUISSON, ancien notaire.
BUREAU, officier comptable des subsistances militaires.
CÉCILLON, avoué.
CHARBONNEL-SALLE, avocat.
CHAPEL père, avoué.
CHARPIN, avocat.

MM. Chanrion, médecin.

Charvet (Victor), maître de postes.

Charrière, directeur de forges à Allevard.

Chanlaire, conservateur des eaux et forêts.

De Chaléon (César), propriétaire.

Cheminade, conseiller.

Corréard, avoué.

Cottavoz, greffier du tribunal de commerce.

Couturier, peintre.

Crozet, ingénieur en chef des ponts et chaussées.

Déchaux, négociant.

Désessart, capitaine du génie.

Denantes, avocat.

Doyon, banquier.

Dossat, commissaire-priseur.

De Douglas, propriétaire.

Durand (Charles), banquier.

Ducoin (Adolphe), propriétaire.

Ducoin (Auguste), avocat.

Ducruy (Antoine), propriétaire.

Duport-Lavillette, conseiller.

Dubeux, banquier.

Duboys-Aimé, propriétaire à Meylan.

Dutrait-Morges, avoué.

Falatieu (Mme), propriétaire.

MM. Falatieu (Philippe), propriétaire.
Fayollat, maître de pension.
Faure, médecin.
Fauchet (Étienne), avocat.
Flovant, propriétaire.
Fournier (Alexandre).
Gagnière, avocat.
Gautier-Saint-Aubin, notaire à Barraux.
Gautier (Auguste), doyen à la faculté de droit.
Gautier fils, juge au tribunal de Bourgoin.
Gay, lieutenant colonel du génie.
Garneray, peintre de marine à Paris.
Gattrez, proviseur du collège.
Giraud (Jacques-Félix), ancien pharmacien.
Giroud (Henri), propriétaire.
Giroud fils, receveur général.
Giroud-Fontanil, directeur des postes.
Giroux (André), peintre à Paris.
Gonnet, négociant.
Gounon-d'Arcieux, propriétaire à Beaurepaire.
Guillet, propriétaire.
Grenier, avocat-général.
Grinand, garde du génie à Barraux.
Imbert (Frédéric), avoué.

MM. Imbert-Desgranges, substitut du procureur-général.
Jay, avoué.
Jouvin, avoué.
Jourdan, maire d'Anjou.
Laborne, secrétaire de la mairie.
Laporte (Mme de), propriétaire.
De Laforte (Clément), propriétaire.
Larroque, recteur de l'académie.
Leborgne, commissionnaire-chargeur.
Legagneur, procureur-général.
Lisambert, négociant.
Marbot, maréchal de camp.
Mazerat, avocat.
Maurel, conseiller.
Mallein, directeur des contributions directes.
Mac Carthy (le comte de), propriétaire.
De Marcieu, propriétaire.
Mermier, négociant.
De Matharel, étudiant.
Michal-Ladichère, avocat.
Michel-Dufléard, propriétaire.
Mingral, propriétaire.
Michal (Léon), banquier.
Michoud (Henri), avocat, juge suppléant.
Monrozier, notaire.

MM. Montgenet, avocat.
Moulezin, propriétaire.
Mounier, banquier.
Navizet, négociant.
Nèple, directeur des domaines.
Nicolas (Jules), propriétaire.
Ollivier (Jules,) juge.
Payraud (Henri), liquoriste.
Pellenc, préfet de l'Isère.
Perronnet, architecte.
Pégeron, lithographe.
Périer (Alphonse), député de l'Isère.
Périer (Adolphe), manufacturier.
Penet, propriétaire.
Penet fils, négociant.
Perrin, banquier.
Piattet, propriétaire.
Pisançon (Henri de) fils, propriétaire.
Pisançon (Mme de), propriétaire.
Pin (Henri), propriétaire.
Planche (Eugène), étudiant.
Poussielgue (Augustin), propriétaire.
Prudhomme, imprimeur-libraire.
Pyot (Eugène), avocat.
Réal, député de l'Isère.
Repellin aîné, avocat.

MM. Reymond (Ferdinand), avocat.
Reynaud, avoué.
Rivier fils, propriétaire à Embrun.
Rivier (Augustin), avocat.
Riondet fils, architecte.
Robert (Pierre), notaire.
Ruban, architecte.
Ruelle, payeur général.
Sappey, député de l'Isère.
Sappey (Noël), bâtonnier de l'ordre des avocats.
De Saint-Maurice, propriétaire.
Saint-Pierre, négociant.
Savoye, pharmacien.
Sestier, avocat.
Segond, notaire.
Silvy, notaire.
Sorrel, avoué.
Soullié, inspecteur de l'académie.
Taulier (Jules), instituteur.
Taulier (Frédéric), professeur à l'école de droit.
Teisseire (Emmanuel), propriétaire.
Teisseire (Camille), propriétaire.
Thevenet fils, négociant.
Tranchand, présid. du tribunal de Bourgoin.

TRINCHÉ (Alexandre), juge suppléant à St-Marcellin.

TRIBERT, capitaine d'état-major.

DE VENTAVON aîné, avocat.

DE VENTAVON (Casimir), avocat.

VERNET (Barthélemy), juge.

DE VERTEILLAC, sous-préfet à la Tour-du-Pin.

VIELLE, avocat.

VICAT, ingénieur en chef.

VITTEAU, sous-intendant militaire adjoint à Vienne.

EXPLICATION

DES OUVRAGES

DE

Peinture, Dessin, Sculpture, etc.

PEINTURE.

ABRIOU,

15, *Grand'Rue-Neuve.*

1. Portrait de femme.
2. Portrait d'homme.
3. Portrait d'homme, mi-corps.
4. Petite tête de vieillard.
5. La leçon de dessin.

5 *bis*. Tête de vieillard.

ACHARD (ALEXANDRE),

De Grenoble.

6. Vue prise dans l'intérieur du Caire.

BENOUVILLE (ACHILLE),

49, *Rue Dauphine, Paris.*

7. Maison d'un garde-chasse, forêt de Compiègne.

BERTIN (J.-V.),

6, Rue Boucher, Paris.

8. Vue prise en Suisse sur les bords du lac de Neuchâtel.
9. Vue d'un couvent à Subiaco, dans la Sabine, à 20 milles de Rome (effet de soleil couchant).

BONNET (ALEXANDRE),

12, *Rue Neuve-des-Capucins.*

10. Tireuse de cartes.
11. Préparatifs d'un Bal (effet de lumière).
12. Halte d'amateurs dans les ruines de St-Hugon.
13. Portrait en pied d'un jeune homme.

BONNET (FRANÇOIS),

12, *Rue Neuve-des-Capucins.*

14. Place du marché à Fribourg.
15. Maître d'école de village.
16. Retour d'un étudiant.

BORMIOLI,

39, *Rue Haute-Ville, Paris.*

17. Maison de pêcheurs.

BURELLE (ALPHONSE),

Chez M. Huard, 15, rue des Grands-Augustins, Paris.

18. Vue du lac de Brientz d'après M. Lapito.

CARPENTIER (PAUL),

10, *Rue de Lancry, Paris.*

19. Descente de diligence.

CHALAMET (VICTOR),

32, *Rue des Deux-Portes Saint-Sauveur, Paris.*

20. Jeune femme composant un bouquet.

CHAMPEL (ADRIEN),

De Grenoble.

20 *bis.* Côte de Flammanville (Manche).

COUTURIER,

16, *Rue Lafayette.*

21. Les paysagistes à la grotte de l'Ermitage.
22. Site de la Grande-Chartreuse.
23. Vue prise à St-Égrève (soleil couchant).
24. Vue du château Bayard (soleil couchant).
25. Vue du château Bayard (soleil levant).
26. Les apprêts de la pêche (vue prise à Noyarey). (soleil levant).
27. Le passage d'un bac (soleil levant).

DEBACQ,

113, *Rue de l'Université, Paris.*

28. Le portrait.

DEBELLE (Alexandre),

De Grenoble.

28 *bis*. Le baron des Adrets, faisant précipiter ses prisonniers du haut de la citadelle de Mornas.

En 1562, François de Beaumont, baron des Adrets, chef des protestants du Dauphiné, après avoir pris aux ligueurs Grenoble et d'autres villes environnantes, se dirigea sur la partie méridionale de la province. Il s'empara des places qui se trouvaient sur son passage. A Pierrelate, il fit impitoyablement massacrer la garnison qui avait osé lui résister. A quelques lieues de là, il arriva devant Mornas, dont la citadelle, située sur des rochers escarpés, était défendue par les catholiques. Le baron l'assiégea, la prit d'assaut et fit deux cents prisonniers. Il eut la cruauté de les faire précipiter du haut de cette citadelle, et présida lui-même au supplice de ces malheureux.

Mme DEHERAIN,

9, Rue de la Rochefoucault, Paris.

29. Le Dante et Béatrix.

Béatrix apparaît au Dante et lui révèle les merveilles du paradis.

DELIONS,

A Melun et à Paris, 5, rue des Grands-Augustins, chez M. Huard.

30. Relai de chasse.

31. Étude de chevaux.

DUBUISSON (ALEXANDRE),

Cours Morand, maison Michel, aux Brotteaux, Lyon.

32. Chevaux à l'abreuvoir.
33. Un taureau et une vache.

DUCLAUX,

14, *Quai Saint-Clair, Lyon.*

34. Intérieur d'une cour d'auberge.

DUCORNET,

Né sans bras et peignant avec le pied,

10, *Rue des Saint-Pères, Paris.*

35. Bobonne et Mignon ou la bassinoire.

Mme DUPORT,

Chez M. Huart, 5, rue des Grands-Augustins, Paris.

36. Un enfant en prière.

FAURE (LOUIS),

22, *Rue Très-Cloîtres.*

37. Bacchus rencontre Ariane dans l'île de Naxos.

FINART,

16, *Rue de la Paix, Paris,*

38. Le troupeau à l'abreuvoir.
39. Une famille arabe.

FONVILLE,

13, *Rue Sainte-Catherine, Lyon.*

40. Vue prise à Roche-Colombe.
41. Vue prise aux environs de Toulon.

GAILLARD fils,

De Grenoble, professeur de fortification à l'école d'artillerie de Strasbourg.

42. Vue d'un pont sur un torrent (souvenir des environs de Grenoble.
43. Ruines d'un vieux château sur le sommet d'une montagne (souvenir des environs de Besançon).
44. Groupe de maisons entourées en partie par un ruisseau (souvenir de Strasbourg).
45. Petit château d'eau (souvenir des environs de Toulouse).

GARNERAY,

19, *Passage Saulnier, Paris.*

45 *bis*. Vue de l'entrée du port d'Antibes.
46. Marine.

Des serpents de mer attaquent le brick américain *La Julia*, à l'attérage de New-Yorck en 1825. Le premier coup de caronade tua celui de ces monstres qui s'élança le premier sur La Julia ; les autres prirent la fuite.

Mlle GENOULAT (Lise),

1, *Rue de la Paix, Lyon.*

46 *bis*. Le départ des petits savoyards.

GIROUX (André),

De Paris.

47. Une ferme en Normandie.

GOURDET,

102, *Rue du faubourg Saint-Martin, Paris.*

48. La grand'mère.
49. La balayeuse.

GUÉDY,

4, *place aux Herbes, maison Jayet.*

50. Vue du lac d'Allos (Basses-Alpes).
51. Fuite en Égypte.

HÉBERT (Ernest),

De Grenoble.

52. Le Tasse et Expilly.

Le Tasse, en prison dans l'hôpital Saint-Étienne à Férare, est visité par Expilly, gentilhomme Dauphinois, qui plus tard fut président à mortier du Parlement de Grenoble ; ce dernier essaie de rappeler le malheureux poète à la raison en lui lisant plusieurs chants de la Jérusalem délivrée.

(L'auteur a fait don de son tableau au musée de Grenoble.)

Mlle HENRY,

23, Quai Napoléon, Paris.

53. Travail et paresse.
54. Intérieur de cuisine.

HUARD,

(De l'Ile-Bourbon), 5, rue des Grands-Augustins, Paris.

55. Bacchanale.

INGELET,

41, Rue de la Ville-l'Évêque, Paris.

56. Marine. Vue prise près Port-Vendre (Pyrénées-Orientales.)
57. Vue de Grenoble (effet du soir).

Mlle JOURNET (Élise),

60, Rue Saint-André-des-Arts, Paris.

58. Un mameluck.
59. Tableau de nature morte et de fruits.

LAMARE (Henri de),

De Grenoble.

60. Portrait en pied représentant un chasseur.
61. Portrait d'un jeune homme, buste.
62. Portrait d'un jeune homme, mi-corps, en petit.
63. Un petit savoyard tenant un singe.

LATIL,

23, Quai Napoléon, Paris.

64. Le printemps.
65. Vue prise dans les Basses-Alpes.

LATTEUX,

10, Quai Pelletier, Paris.

66. Canal Sainte-Marie-des-Grâces, à Venise.

LOISEL,

45, Rue Saint-Dominique-Saint-Germain, Paris.

67. Vue prise en Sicile.

LOUBON,

14, Rue de Chabrol, Paris.

68. Le bac.

MARQUIAND,

Élève de l'école gratuite de dessin et peinture.

69. Portrait d'un militaire.
70. Portrait d'une femme.
71. Portrait d'un enfant.
72. Portrait d'une femme.
73. Étude de vieillard.

MURZONNE,

De Grenoble.

74. La tentation de saint Antoine.
75. Portrait d'homme, mi-corps.

PEYRONNET,

13, *Cité Saint-Sébastien, Lyon.*

76. Agar et Ismaël.

Agar et Ismaël ayant été chassés par Abraham, erraient dans le désert de Bersabée ; l'eau qui était dans leur vaisseau ayant manqué, Ismaël est tombé épuisé de soif et de fatigue : sa mère implore le ciel.

POLLET,

6, *Rue Saint-François.*

77. Vue prise au-dessus de Domêne.
78. Vue prise à Allevard, fond de Savoie.
79. Vue prise à Allevard, fond du lac de Genève.
80. Vue prise à Allevard.

POTIER,

14, *Passage Sainte-Marie, Paris.*

81. Religieux donnant la sépulture à l'un de leurs frères.

RAVANAT,

Au Gouvernement.

82. Vue prise sur les bords de l'Isère, à St-Quentin, fond de Voreppe.

83. Coucher de soleil sur les bords de l'Isère.
84. Vue de Voreppe.
85. Vue du Pont-du-Diable, à St-Christophe (Oisans).
86. Vue du château d'Allevard.

RAVELLI,

Chez M. Huard, 5, rue des Grands-Augustins, Paris.

87. Paysage d'après M. Gué.

RICOIS,

3 bis, Quai Voltaire, Paris.

88. Vue prise dans l'Oberland Bernois, un jour de fête.

ROLLAND,

Conservateur du Musée, directeur de l'école de peinture et dessin, 9, rue Neuve-des-Capucins.

89. Grand portrait d'homme en pied.
90. Portrait d'un magistrat.
91. Portrait de femme.
92. Portrait d'un jeune homme.
93. Portrait d'un enfant dans des nuages.
94. Portrait de femme.
95. Portrait d'enfant.
96. Portrait d'un magistrat en robe.
97. Portrait d'homme.

ROLLAND (AUGUSTE),

Paris.

98. Paysage composé.

99. Vue prise à Saint-Laurent-du-Pont.

100. Paysage composé.

SAINT-JEAN,

14, Place neuve des Capucins, Lyon.

101. Des fleurs dans un vase.

102. La caille et ses petits.

E. THEVENET,

A Lyon, s'adresser chez M. Sappey, 5, rue des Vieux-Jésuites, à Grenoble.

103. Vue de la vallée du Monestier, prise des Fontaines, environs de Briançon.

104. Vue prise dans la Vallouise (Hautes-Alpes).

VANDER-KALL,

Chez M. Huard, 5, rue des Grands-Augustins, Paris.

105. Le repos.

Mme VIVEFAY WYAST,

Chez M. Huard, 5, rue des Grands-Augustins, Paris.

106. La veuve d'un artiste.

UN AMATEUR.

107. Vue prise à Pont-Haut, près d'Allevard.

UN AMATEUR.

107 *bis*. Tête d'étude.

107 *ter*. Portrait.

DESSINS.

AQUARELLES.

Mlle ARSON (Olympe),

28, *Rue Saint-Dominique, Paris.*

108. Bouquet de marguerites et fleurs diverses.

BACHE,

De Grenoble.

109. Vue de la vallée de Graisivaudan, prise du bourg de Goncelin.
110. Vue de la gorge d'Allevard, lieu dit le Bout du Monde.

110 *bis*. Paysage composé.

Mme BEAUREPAIRE (Lucy de),

84, *Rue de Cléry, Paris.*

111. Bouquet de marguerites.
112. Bouquet de tulipes.

Mlle CORBIN (Aline),

10, *Rue des Moulins, Paris.*

113. Un tableau de fleurs.

GIRARD,

De Paris.

114. Pont de l'Arche, département de l'Eure.
115. Pont de Vernon, département de l'Eure.

GIROUX (André),

De Paris.

116. Route de traverse.

LATTEUX,

10, *Quai Pelletier, Paris.*

117. Porte-Guillaume, à Chartres.
118. Vue prise à Moosbourg (Bavière).

De LIGNY,

49, *Rue du Bac, Paris.*

119. Vue de Rouen.
120. Vue des ruines de Jumièges.

Mme VIVEFAY WYAST,

A Pau, s'adresser chez M. Huard, 3, rue des Grands-Augustins, Paris.

121. La Pia mourante.

Épisode du Dante (Ch. V.). La Pia était une noble Siennoise que son mari, furieux d'avoir surpris dans les bras de son amant, fit périr lentement du *malaria* dans les marais Pontins.

LITHOGRAPHIES.

CASSIEN (Victor).

Place St-André.

122. La vallée de Graisivaudan, vue prise de Seyssins (pierre lithographique).
123. Un portrait d'homme (pierre lithographique).
124. Un croquis de paysage, dessin lithographié à double impression.

ÉCOLE GRATUITE ET COMMUNALE DE DESSIN.

DRIVIER.

125. Vénus marine, deux dessins.

KASELIN.

126. Trépied d'Apollon.
127. Piédestal et urne.
128. Chapiteau ionique.
129. Divers fragments.

LATTIER.

130. Frise.

MARQUIAND.

131. Un zéphir.
132. Tête de vierge.

MILLIAT.

133. Fragment d'architrave.
134. Arabesque.
135. Ornement.
136. Simaise.
137. Modillon.
138. Architrave.

ROMAND.

139. Fragment de frise.

SORREL.

140. Modillon.
141.
142.

VERGER.

143. Frise.
144. Arabesque.
145. Trépied d'Apollon.

SCULPTURE.

SAPPEY,

Statuaire, professeur de l'école de sculpture architecturale.

PROJET D'UN MONUMENT à élever à la mémoire du général Championnet, dans la ville de Valence.

146. QUATRE TROPHÉES D'ARMES représentant les victoires de Wissembourg, Dusseldorf, Rome et Naples.

QUATRE BAS-RELIEFS.

147. Installation de la République parthénopéenne.

Le Général présente au peuple la constitution, les Magistrats jurent de la maintenir. Des hommes de l'art montrent le plan du monument que le général Championnet fit élever à Virgile,

148. Entrée triomphante dans Rome.

Après une absence de 17 jours, le général Championnet rentre dans Rome à la tête de son armée, aux acclamations du peuple, et délivre la garnison française renfermée dans le château Saint-Ange.

149. Prise de Naples.

Le Général parcourt les lignes d'attaque ; il ordonne au commandant Thiébault de prendre les grenadiers des 64 et 73 demi-brigades, pour enlever d'assaut la porte Capuana.

150. Mack, général en chef de l'armée napolitaine, poursuivi par les lazzaroni.

Poursuivi par les lazzaroni, il vient offrir son épée à Championnet, qui la refuse en lui disant avec finesse et enjouement : « *Général, gardez la, mon gouverne-* « *ment m'a défendu de recevoir des présents de fabri-* « *que anglaise.* »

151. STATUE. — Après 40 ans, Championnet revoit sa patrie et la salue !

ÉCOLE GRATUITE ET COMMUNALE DE SCULPTURE ARCHITECTURALE.

BANDET (LOUIS).

152. Candelabre bas-relief (modèle en terre).
153. Chapiteau composé (modèle en terre).

BILLION (JOSEPH).

154. Chapiteau dorique orné (marbre).

CHEVALLIER (ALPHONSE).

155. Chapiteau ionique (marbre).

LESTRILLE (VICTOR).

156. Fragments de frise, exécutés au grand théâtre de Lyon (modèles en terre).

LOUVAT (ANTOINE).

157. Lion, style égyptien (marbre).

PAULIER (DOMINIQUE).

158. Fragments de frise (modèle en terre).

RIONDEL (ANTOINE).

159. Chapiteau corinthien (marbre).
160. Culs-de-lampes et dais, servant de support aux nervures de la chapelle gothique de Montfleury d'après les dessins de M. Sappey (plâtre).

ARCHITECTURE.

AVISSE,

Faubourg Saint-Laurent.

161. Intérieur d'église (lavis).

BERRUYER,

De Roybon, élève de M. Duban, à Paris.

162 et 163. Projet d'une mairie avec une halle. (Concours d'émulation à l'école des Beaux-Arts.)
164. Étude. — Colonne trajane.

165. Étude. — Temple de Mars vengeur.

166, 167 et 168. Études. — Temple de Jupiter stator.

MANIGUET,

De Vienne.

169. Plans et coupes relatifs à l'architecture.

www.ingramcontent.com/pod-product-compliance
Ingram Content Group UK Ltd.
Pitfield, Milton Keynes, MK11 3LW, UK
UKHW020218180726
13838UKWH00005B/2073